AF456110

J. GARNIER

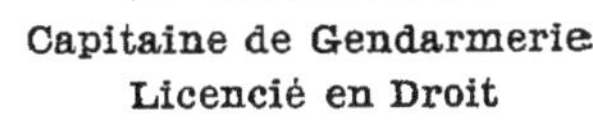

Capitaine de Gendarmerie
Licencié en Droit

L'OFFICIER DE CORPS DE TROUPE

Officier de Police Judiciaire Militaire

IMPRIMERIE ET LIBRAIRIE A. LE NORMAND
ANCIENNE MAISON LÉAUTEY
21, RUE SAINT-GUILLAUME ET BOULEVARD SAINT-GERMAIN, 187
PARIS

PRÉFACE

En 1920, et les deux années suivantes, sur la demande de Monsieur le Colonel commandant l'École militaire du Génie, nous avons eu l'honneur de faire aux officiers de la division de perfectionnement une conférence sur le rôle de l'Officier de corps de troupe Officier de police judiciaire militaire.

Les camarades auxquels nous nous adressions se sont vivement intéressés à cette question et nous ont dit l'embarras qu'ils avaient éprouvé, particulièrement au cours de la guerre, lorsque, par délégation de leur chef de corps ou comme commandants de détachement, ils avaient dû procéder à une information préliminaire.

L'idée nous est alors venue d'écrire cette conférence, pensant qu'elle serait susceptible de rendre service à la plupart des jeunes officiers.

Il nous fallait rappeler les règles de la procédure militaire qu'il est indispensable de bien connaître. Nous les avons résumées aussi simplement, aussi brièvement que possible. Nous nous sommes surtout efforcé de faire de cette petite étude un guide essentiellement pratique *qui pourra être utilement consulté à l'occasion des diverses opérations d'une instruction préparatoire.*

SOMMAIRE

ANNEXES

EXPOSÉ PRÉLIMINAIRE

POLICE JUDICIAIRE ET PROCÉDURE MILITAIRES

Avant d'étudier le rôle de l'Officier de corps de troupe agissant comme Officier de police judiciaire militaire, nous croyons utile d'exposer très sommairement *l'objet de la police judiciaire militaire* ainsi que la *Procédure* à laquelle elle donne lieu.

Objet de la Police judiciaire militaire. — La Police judiciaire militaire a pour objet de rechercher les crimes et les délits, d'en rassembler les preuves et d'en livrer les auteurs à l'autorité chargée d'en poursuivre la répression devant les tribunaux militaires.

Procédure militaire. — Les opérations auxquelles elle donne lieu constituent les phases de la procédure. Elles comprennent :

a). — La recherche et la constatation des infractions;

b). — La poursuite du coupable par l'autorité qui en est chargée (ordre d'informer, instruction et mise en jugement) ;

c). — Les débats et le jugement du Conseil de Guerre, le recours ou le pourvoi, s'il y a lieu, et enfin l'exécution quand le jugement est devenu définitif.

a). — *Recherche et constatation des infractions.* — Ces opérations sont l'œuvre des Officiers de police judiciaire militaire dont les articles 84 et 85 du Code de Justice Militaire donnent l'énumération. Sont Officiers de police judiciaire militaire :

1° Les Officiers et Commandants de brigade de gendarmerie;

2° Les chefs de poste;

3° Les Officiers d'administration des services de l'artillerie et du génie;

4° Les Commandants, Majors et Officiers de place;

5° Les Chefs de Corps, de dépôt et de détachement, les chefs de service de l'artillerie et du génie, les membres de l'intendance militaire;

6° Les rapporteurs près les conseils de guerre en *cas de flagrant délit*.

En ce qui concerne ces derniers, leur action est restreinte au cas spécial de flagrant délit, commis en leur présence dans l'exercice de leurs fonctions. C'est-à-dire que ces magistrats ne sont Officiers de police judiciaire que lorsqu'ils sont l'objet d'un délit commis contre leur personne dans l'exercice de leurs fonctions, ou lorsqu'un fait délictueux est commis en leur présence par un prévenu ou un témoin qu'ils interrogent.

Remarque. — Les Commandants et Majors de Place, les Chefs de Corps, de dépôt et de détachement, les Chefs de service de l'artillerie et du génie, les membres de l'intendance militaire ont le choix entre deux procédés. Ils peuvent :

1° Agir personnellement comme Officier de police judiciaire;

2° Donner réquisition d'agir à un autre Officier de police judiciaire.

De plus, la loi du 18 mai 1875 a autorisé les *Chefs de Corps* à déléguer à l'un des Officiers sous leurs ordres les pouvoirs que leur donne leur qualité d'Officier de police judiciaire militaire, ainsi que le rappelle la circulaire du

11 juillet 1914 (B.O.E.M. n° 56, page 156), *Cette autorisation ne s'applique pas aux Officiers chefs de détachement.*

Supposons qu'un homme de troupe ait commis une action susceptible de le faire passer en conseil de guerre.

Le Commandant de son unité (compagnie, escadron, batterie) doit immédiatement porter une punition et rédiger un *rapport.* Ce rapport est *une véritable dénonciation officielle*, l'acte qui va mettre en mouvement tout l'appareil judiciaire. Il ne faut pas le confondre avec la *plainte* du chef de corps. Il doit relater complètement les faits, désigner les témoins, porter appréciation sur la conduite et la manière de servir de l'homme puni.

Le rapport est adressé au Chef de Corps. Celui-ci examine s'il s'agit d'une infraction justiciable du Conseil de Guerre et, dans l'affirmative, fait procéder à une enquête soumise à des formes spéciales que nous verrons plus loin. Cette enquête constitue ce que l'on appelle *l'instruction préparatoire au corps*, Le Chef de Corps délègue à cet effet un Officier. Ce dernier se fait assister d'un sous-officier greffier qu'il choisit *lui-même.*

L'enquête terminée, le Chef de Corps, s'il juge l'affaire suffisamment grave, rédige une plainte en Conseil de Guerre.

Observation au sujet de la plainte, — D'après une habitude prise dans les divers corps et services et que rien dans la loi n'impose, les chefs de corps établissent toujours une plainte contre les militaires susceptibles d'être traduits en Conseil de Guerre.

Cette pièce qui sert de chemise au dossier, n'est exigée par la loi que pour le délit de désertion (art. 75 C.J.M.).

Dans ce cas elle a sa raison d'être. La plainte en effet est l'acte par lequel une personne défère à la justice une infraction qui lui a causé un préjudice. Le plaignant est donc l'individu qui, ayant été victime d'un crime ou d'un délit, tend à obtenir une peine pour le préjudice qui lui a été causé; il a un intérêt à la poursuite. Or, si la désertion ne lèse les intérêts de personne en particulier, il est incontestable qu'elle constitue une infraction grave à la discipline et que c'est au Chef de Corps, responsable de son régiment, qu'il incombe tout naturellement de dénoncer le fait à l'autorité supérieure.

b). — *Poursuite du coupable.* — Le rapport du Capitaine, les procès-verbaux de l'instruction préparatoire faite au corps par l'Officier délégué par le Chef de Corps, la plainte de ce dernier constituent un dossier qui est transmis au Général commandant la circonscription (en temps de paix : en France, région de corps d'armée ou commandement supérieur; en Algérie, division militaire). En justice militaire en effet, l'exercice de l'action publique n'appartient qu'au Général commandant la circonscription, alors que, dans la justice civile, cet exercice appartient aux magistrats du Ministère public placés auprès des divers tribunaux répressifs. C'est au Général commandant la circonscription et à lui seul qu'a été donné le droit d'apprécier s'il y a lieu de donner suite à l'affaire et, dans ce cas, de délivrer *l'ordre d'informer.*

Si le Général commandant la circonscription délivre l'ordre d'informer, le dossier est transmis au Commissaire du Gouvernement près le Conseil de Guerre. Cet Officier requiert le rapporteur d'ouvrir une *instruction.*

L'instruction est tout à fait analogue à celle d'une affaire civile. En matière civile, la loi du 8 décembre 1897 ayant pour objet de modifier certaines règles de l'instruction préalable en matière de crimes et de délits a entouré l'inculpé de certaines garanties. Ces garanties, déclarées applicables à l'instruction devant les Conseils de Guerre en temps de paix par la loi du 15 juin 1899, ont été, en temps de guerre, étendues à l'instruction devant les Conseils de Guerre *permanents* du territoire par la loi du 27 avril 1916.

Ainsi :

1° L'inculpé doit être interrogé au plus tard dans les 24 heures de son entrée à la maison de dépôt ou d'arrêt;

2° Lors de la première comparution, le rapporteur constate l'identité de l'inculpé, lui fait connaître les faits qui lui sont imputés, et reçoit ses déclarations, *après l'avoir averti qu'il est libre de ne pas en faire.* Mention de cet avertissement est faite au procès-verbal ;

3° Si l'inculpation est maintenue, et si l'inculpé n'a pas fait choix d'un défenseur, il doit, sur sa demande expresse lui en être désigné un d'office ;

4° Le premier interrogatoire qui suit la première comparution et le dernier interrogatoire de l'inculpé détenu ou libre ne peuvent avoir lieu qu'en présence de son conseil ou lui dûment appelé, sauf renonciation expresse de l'inculpé. (Loi du 15 juin 1899).

Lorsque l'instruction est close, le dossier est transmis par le rapporteur au Commissaire du Gouvernement qui conclut sur la suite à donner à l'affaire.

Le dossier est alors réexpédié au Général commandant la circonscription qui peut délivrer :

Soit une ordonnance de non lieu, soit un ordre de mise en jugement.

S'il y a ordre de mise en jugement, l'inculpé est traduit devant le Conseil de Guerre.

c. — *Débats et jugement du Conseil de Guerre.* — Nous ne les mentionnons ici que pour mémoire car ils ne présentent aucun intérêt particulier pour le sujet que nous allons traiter.

Division. — De ce qui précède il ressort :

1° Qu'un Officier de corps de troupe peut, à des titres divers, être appelé à faire acte d'Officier de police judiciaire opérant tantôt en vertu des droits conférés par le Code de justice militaire, tantôt en vertu d'une délégation de son chef de corps.

2° Que les procès-verbaux qu'il dressera des opérations faites par lui auront la plus grande importance sur la suite de l'affaire. Nous venons de voir en effet que c'est d'après ces procès-verbaux que le chef de corps décidera s'il y a lieu d'établir une plainte, que ce sont eux encore qui éclaireront l'opinion du Général commandant la circonscription sur l'opportunité de délivrer ou non l'ordre d'informer.

Il est donc indispensable que l'Officier connaisse les principes réglant la compétence des conseils de guerre car, avant d'agir, il devra s'assurer qu'il se trouve vraiment devant une affaire ressortissant à la justice militaire.

Il n'est pas moins utile qu'il ait une idée très nette de la mission qui lui incombe, la connaissance exacte des formalités prévues par la loi et auxquelles il devra se conformer. Car le but de l'instruction préparatoire n'est pas seulement de faciliter la découverte de la vérité par la prompte intervention d'un Officier de police judiciaire, c'est encore d'accélérer la procédure en permettant au rapporteur de se dispenser d'entendre ou de faire entendre les témoins dont l'Officier de police judiciaire aura recueilli les déclarations. (Code de justice militaire, art, 104).

Or le rapporteur ne pourra profiter de cette dispense que si les témoins ont été entendus et leurs déclarations reçues dans les formes voulues par la loi.

Nous allons donc maintenant passer en revue :

I. — Les règles qui déterminent la compétence des Conseils de Guerre;

II. — Les opérations que peut comporter une instruction préparatoire et les formalités à observer au cours de ces opérations;

III. — Les formes à observer dans la rédaction des procès-verbaux;

IV. — Les droits particuliers que confère la qualité d'Officier de police judiciaire.

I. — Compétence des Conseils de Guerre.

1° Compétence relative aux infractions. — La question ne présente aucune difficulté en ce qui concerne les faits délictueux dont peuvent connaître les Conseils de Guerre. Ces Conseils sont compétents pour toutes les infractions prévues par le Code pénal, le Code de justice militaire et les lois spéciales, sans qu'il y ait lieu de distinguer s'il y a crime ou délit ou simplement contravention. L'article 271 du Code de justice militaire, en effet, indique que l'autorité militaire a la faculté, suivant la gravité des faits, de déférer le jugement des contraventions de police au Conseil de Guerre qui peut prononcer une peine d'emprisonnement *de deux mois au maximum*. Remarquons toutefois que celui-ci a très rarement à juger des contraventions, les militaires coupables de ces infractions pouvant être punis de peines disciplinaires au lieu d'être traduits en justice.

Exception : Ne sont pas soumises à la juridiction des Conseils de Guerre les infractions commises par les militaires aux lois sur la chasse, la pêche, les douanes, les contributions indirectes, les octrois. les forêts et la grande voirie (Code J. M. art. 273). Ces infractions sont réservées aux juridictions civiles.

2° Compétence relative aux personnes. — Cette question est assez compliquée. Nous nous bornerons à donner ici le principe et ses exceptions relatifs au temps de paix.

Principe : Les Conseils de guerre jugent tous les militaires présents sous les drapeaux (C. J. M. art. 55).

Sont exclus :

1° *Les militaires en position régulière d'absence,* sauf pour les infractions prévues au Code de justice militaire, titre II du livre IV (trahison, espionnage et embauchage; crimes ou délits contre le devoir militaire; révolte, insubordination et rebellion; abus d'autorité; insoumission et désertion; vente, détournement, mise en gage et recel des effets militaires; vol au préjudice de l'État ou de militaires ou au préjudice de l'habitant: pillagé. destruction, dévastation d'édifices; faux en matière d'administration militaire; corruption, prévarication et infidélité dans le service et dans l'administration militaire; usurpation d'uniformes, costumes, insignes, décorations et médailles). Donc, réserve faite pour ces dernières infractions, les militaires ne sont pas justiciables des conseils de guerre lorsqu'ils sont en congé ou en position régulière d'absence.

Que faut-il entendre par permission? On se figure parfois qu'il est nécessaire que la permission emporte mutation et qu'un militaire titulaire seulement d'une permission de 24 heures ne doit pas être considéré comme étant en positton d'absence. C'est là une erreur d'interprétation. En visant les permissions, l'article 57 du Code de justice militaire n'établit aucune distinction entre elles et n'exclût ni celles de courte durée, ni celles qui n'emportent pas mutation. Il s'ensuit que, sans qu'il y ait lieu de faire état de sa durée ou de son effet, au point de vue des contrôles de l'armée, la permission est le titre régulier émanant du chef qualifié pour le délivrer en vertu duquel un militaire est à la fois libéré des obligations du service militaire et autorisé à quitter sa garnison pendant un temps déterminé. Un arrêt de la Cour de Cassation rendu le 23 juillet 1908 a tranché la question dans ce sens : un soldat prévenu de s'être, au cours d'une permission de 24 heures, rendu coupable d'homicide et de coups et blessures volontaires contre des personnes civiles, a été renvoyé devant la Chambre des mises en accusation de la Cour d'Appel de Paris, ces faits ne rentrant pas par leur nature, dans la catégorie des crimes et des délits prévus par le titre II du livre IV du Code de justice militaire (voir B. O E. M. n° 594, page 75).

2° Les jeunes soldats et les engagés volontaires, depuis l'instant où ils ont reçu leur ordre de route jusqu'à celui de leur réunion en détachement ou de leur arrivée au corps, sauf pour les faits d'insoumission qui les rendent justiciables des Conseils de Guerre.

3° *Les déserteurs*, pour les infractions commises *pendant la période de désertion*, c'est-à-dire après l'expiration des délais de repentir accordés par la loi. Tant que ces délais ne sont pas expirés le militaire n'est qu'absent illégalement et relève du Conseil de Guerre,

A remarquer cependant que les déserteurs, comme tous les autres militaires, relèvent des Conseils de Guerre quand ils voyagent sous la conduite de la force publique, qu'ils sont placés dans les hôpitaux civils ou militaires ou détenus dans les établissements ou prisons militaires (C. J. M. art. 56, 2°).

Remarque concernant les militaires de la gendarmerie. — Ces derniers ne sont pas justiciables des Conseils de Guerre pour les crimes et délits commis dans l'exercice de leurs fonctions relatives à la police judiciaire et à la constatation des contraventions en matière administrative. (C. J. M. art. 59).

Compétence en cas de complicité. — Lorsque la poursuite d'un crime ou d'un délit comprend des individus non justiciables des tribunaux militaires et des individus justiciables de ces tribunaux, tous les prévenus indistinctement sont traduits devant les tribunaux ordinaires sauf les cas ci-après concernant le temps de paix. (C. J. M. art. 76).

Tous les prévenus indistinctement sont traduits devant les tribunaux militaires :

1° Lorsqu'ils sont tous militaires ou assimilés aux militaires, alors même qu'un ou plusieurs d'entre eux ne seraient pas justiciables de ces tribunaux, en raison de leur position au moment du crime ou du délit. (C. J. M. art. 77).

Ex. : vol de droit commun commis par deux militaires dont l'un est présent au corps et l'autre en permission.

2° Lorsqu'il s'agit de crimes ou délits commis par des justiciables des Conseils de Guerre et *par des étrangers*. (C. J. M. art. 77).

II. — Instruction préparatoire.

Les diverses opérations d'une instruction sont mentionnées à l'article 86 du Code de justice militaire.

En principe, l'instruction d'une affaire comportera :

1° L'interrogatoire de l'inculpé (un procès-verbal) ;

2° La constatation du corps du délit et de l'état des lieux (un procès-verbal) ;

3° L'audition des témoins et des personnes susceptibles de donner des renseignements (un ou plusieurs procès-verbaux, car on peut en établir un par personne entendue).

Ordre des opérations. — L'ordre dans lequel on procèdera à ces diverses opérations variera suivant les cas.

Il semble logique de commencer par la constatation du corps du délit. Il est évident en effet que pour convaincre un inculpé d'une infraction quelconque il faut prouver d'abord qu'il y a eu infraction commise et que cette infraction a été commise par lui.

Sauf en cas de flagrant délit où il doit se faire immédiatement et quand il n'y a pas de raison spéciale d'agir autrement, on recommande donc de placer l'interrogatoire de l'inculpé parmi les derniers actes de la procédure.

En réunissant au préalable toutes les preuves qui peuvent militer en faveur de l'inculpé ou contre lui, l'Officier de police judiciaire aura de grandes chances pour apprécier plus sûrement :

a). — Le caractère de l'inculpé et sa moralité ;

b), — L'intérêt qu'il a pu avoir à commettre l'infraction ;

c). — Les circonstances qui ont entouré cette infraction.

Il sera de plus, dans la plupart des cas, en mesure d'opposer des preuves indéniables aux dénégations de l'inculpé.

Un sous-officier sera désigné pour assister l'Officier de police judiciaire.

Le cas échéant, l'Officier de police judiciaire pourra avoir recours à des personnes présumées, par leur art ou leur profession, capables d'apprécier la nature ou les circonstances du crime ou du délit.

Greffier. — Le sous-officier désigné comme greffier doit être âgé au moins de 21 ans (circulaire 22 décembre 1922) et prêter serment d'en bien et fidèlement remplir les fonctions.

Personnes ayant des connaissances spéciales. — S'il s'agit d'une affaire qui exige des connaissances particulières pour être constatée, telle qu'une effraction, une blessure grave, une mort violente, etc..., *requérir* les personnes expertes (serrurier, médecin, interprète, etc,..), *leur faire prêter serment* de faire leur rapport et de donner leur avis en leur honneur et conscience (serment prévu par art. 44 I. C.), ou de traduire fidèlement les discours échangés entre personnes parlant un langage différent (serment prévu par art. 332 I. C.).

Les interprètes ainsi que les traducteurs doivent être âgés de 21 ans accomplis. Pour remplir cette mission on peut prendre même une femme, même un étranger, mais en aucun cas on ne peut prendre un témoin quand bien même il aurait déjà été entendu.

Pour les experts, bien que la loi ne fixe pas d'âge, on s'adresse à des personnes ayant 25 ans.

Si les personnes ainsi requises refusent d'obéir à la réquisition, dresser procès-verbal de ce refus.

1°. — Interrogatoire de l'inculpé. — Ne pas perdre de vue les prescriptions de la loi du 8 décembre 1897 qui a entouré l'inculpé de certaines garanties.

1° Pour laisser à l'inculpé toute liberté de ne présenter sa défense que devant le *Rapporteur* et sous les garanties prévues par la loi précitée, ne faire aucun acte tendant à provoquer, directement ou indirectement, son aveu.

Par suite, non seulement *l'avertir formellement* qu'il est libre de ne pas faire de déclarations, mais, si l'inculpé a déclaré ne pas vouloir en faire, s'abstenir de lui faire subir un interrogatoire, ou de le soumettre à des confrontations autres que celles qui seraient nécessaires pour constater son identité au cas où celle-ci serait contestée. Bien entendu ne pas comprendre parmi les opérations de « confrontation » *les saisies* de pièces à conviction : ces dernières opérations, aux termes de l'art. 39 du Code d'instruction criminelle visé dans l'art. 86 du C. J. M., doivent être faites en effet en présence de l'inculpé et celui-ci, même quand il a refusé de faire des déclarations, peut être appelé à y assister ainsi qu'à reconnaître et parapher, s'il y a lieu, les objets saisis qui lui sont présentés à cet effet.

2° Autorisation, *dans trois cas bien déterminés*, par dérogation aux principes précités, de procéder à un interrogatoire immédiat ou à des confrontations, nonobstant le refus de l'inculpé de faire des déclarations :

a). Il y a urgence résultant de l'état d'un témoin (ou de la victime) en danger de mort ;

b). Il y a urgence résultant de l'existence d'indices sur le point de disparaître ;

c). Il y a flagrant délit et l'Officier de police judiciaire s'est transporté sur les lieux.

Mentionner expressément au procès-verbal celui de ces trois cas qui aura motivé l'interrogatoire ou la confrontation.

Il va de soi que, lorsque l'inculpé a déclaré vouloir faire des déclarations, celui-ci peut être interrogé et même, s'il y consent, confronté avec les autres personnes appelées. Mais l'inculpé peut, par la suite, revenir sur son acceptation primitive, et, dès qu'il annonce qu'il ne veut plus faire de déclarations, le procès-verbal doit en faire mention et l'interrogatoire ou la confrontation doivent être aussitôt arrêtés.

3° Ne pas autoriser l'inculpé à se faire assister d'un défenseur. Les articles 8, 9, 10 de la loi du 8 décembre 1897, ne sont applicables qu'à l'instruction proprement dite et ne concernent pas l'enquête de l'Officier de police judiciaire.

4° Ne jamais déférer le serment à l'inculpé.

5° Interroger l'inculpé hors la présence de tout témoin.

Recommandations. — L'interrogatoire de l'inculpé est l'acte le plus difficile de tous ceux qu'a à accomplir l'Officier de police judiciaire; c'est lui qui exige le plus de discernement, de réflexion et d'habileté. Toutefois l'habileté ne doit pas dégénérer en ruse et l'Officier de police judiciaire, s'il doit agir avec adresse, ne doit pas agir par surprise.

On ne peut formuler de règles précises sur la manière de conduire un interrogatoire. Cependant, comme il est indispensable d'agir avec méthode, nous indiquerons les divers points sur lesquels on devra essentiellement insister.

Ces points sont :

a) L'identité de l'inculpé;

b) L'infraction qui lui est reprochée;

c) Les circonstances qui ont précédé ou provoqué, accompagné ou suivi cette infraction;

d) Les motifs qui ont déterminé la conduite de l'inculpé;

e) Enfin les explications ou les excuses qu'il présente.

Les questions, *claires et simples*, sont d'abord *dictées au greffier* avant la réponse de l'inculpé. Les réponses doivent être *transcrites textuellement*. L'Officier de police judiciaire ne doit ni les modifier, ni les traduire, ni les suggérer.

Pendant l'interrogatoire, ne pas négliger d'observer l'attitude de l'inculpé. Mentionner sur le procès-verbal, au fur et à mesure, les remarques faites sur l'état de l'inculpé, c'est-à-dire s'il a répondu de suite à la question posée, s'il a pleuré, s'il a pâli.

2° Constatation du crime ou du délit (corps du délit) et de l'état des lieux. — Dans le procès-verbal décrire avec soin *l'état des lieux* dans lesquels le crime ou le délit a été commis. Constater avec le même soin le *corps du délit.*

En principe, cette double constatation (corps du délit, état des lieux) fait l'objet d'un seul procès-verbal.

Indiquer, s'il y a lieu, l'état du cadavre, la position exacte qu'il occupait quand on l'a trouvé, sa situation par rapport à certains points fixes de la pièce, le nombre et l'apparence des blessures.

Lorsqu'il s'agit de blessures ou de mort violente, le médecin requis rédige un rapport sur la nature des blessures, les causes de la mort et l'état du cadavre. Pour les blessures, il devra indiquer leur gravité et la durée présumée de l'incapacité de travail qui en résultera.

Si une perquisition est nécessaire les opérations auxquelles elle donnera lieu ainsi que la saisie des pièces à conviction qui pourra en résulter seront relatées dans un autre procès-verbal dit « de perquisition et de saisie des pièces à conviction ». Cependant il n'y aurait aucun inconvénient à ne pas dresser un procès-verbal séparé et à mentionner dans le procès-verbal de constatation du corps de délit et de l'état des lieux la perquisition effectuée, en particulier si l'opération avait été infructueuse.

Énumérer en les décrivant minutieusement les pièces à conviction, tant à charge qu'à décharge, qui ont été trouvées et saisies.

Clore et cacheter, si possible, les objets saisis après les avoir présentés à l'inculpé à l'effet de les reconnaître et de les parapher, s'il s'agit de papiers. En cas de refus opposé par l'inculpé en faire mention au procès-verbal.

Rappelons ici que l'interdiction faite à l'Officier de police judiciaire d'imposer à l'inculpé une confrontation ne concerne pas les perquisitions et les saisies de pièces à conviction, opérations qui doivent être faites *en présence de l'inculpé* ou, s'il ne veut ou ne peut y assister, en présence d'un fondé de pouvoir qu'il pourra nommer. Si l'inculpé refuse cette garantie l'Officier de police judiciaire n'en procédera pas moins aux opérations précitées mais le refus de l'inculpé sera mentionné au procès-verbal.

Remarques. — 1° Il doit être donné lecture à l'inculpé de tout procès-verbal qui se rapporte à la constatation du corps du délit et de l'état des lieux ainsi qu'aux perquisitions et aux saisies de pièces à conviction.

2° Dans le cas où ce serait une femme qui serait inculpée, s'il y avait lieu de la fouiller, il faudrait requérir une autre femme de procéder à cette opération.

3° — Audition des témoins. — Recevoir les déclarations des personnes présentes sur les lieux ou qui auraient des renseignements à donner, appeler quiconque est présumé en état de donner des éclaircissements.

Entendre les témoins *séparément et hors de la présence de l'inculpé* après leur avoir fait prêter serment de « dire la vérité rien que la vérité ». Leur demander leurs nom, prénoms âge, profession et demeure; s'ils sont domestiques, parents ou alliés des parties et à quel degré; mentionner la demande et la réponse.

En principe le serment n'est pas obligatoire pour les témoins. Cette formalité n'est en effet exigée par la loi que pour les dépositions faites devant le rapporteur. Cependant il conviendra de le demander et, s'il a été prêté, de le *mentionner expressément* dans le procès-verbal afin que le rapporteur puisse, le cas échéant, se dispenser d'entendre à nouveau le témoin, usant ainsi de la faculté accordée par l'article 104 du Code de justice militaire.

Les enfants au dessous de 15 ans sont entendus *sans prestation de serment*. Il en est de même des ascendants de l'inculpé, de ses descendants, de ses frères et sœurs, de ses alliés au même degré, de son conjoint.

Il est de rigueur que la déposition soit reçue par l'Officier de police judiciaire *qui la dicte* et par le greffier qui *écrit*.

Le témoin doit déposer *oralement*, c'est-à-dire de vive voix ; toute déclaration écrite préparée à l'avance doit être rejetee.

La déposition doit être faite *librement et spontanément*. L'Officier de police judiciaire ne doit interroger le témoin qu'autant que ses dires peuvent l'exiger et seulement pour lui rappeler les faits sur lesquels doit porter sa déclaration et pour lui signaler des lacunes, contradictions ou obscurités.

Les questions posées par l'Officier de police judiciaire doivent toujours être constatées, afin qu'on puisse distinguer ce qui a été spontané de ce qui a été provoqué.

L'Officier de police judiciaire doit, en recueillant la déposition du témoin, lui conserver son langage, ses expressions plus ou moins affirmatives, ses expressions plus ou moins impropres; en un mot, sa véritable physionomie. Il ne peut la traduire dans une langue plus correcte sans risquer d'en altérer le sens.

Remarques. — 1°) Les tém ins peuvent être confrontés avec l'inculpé lorsque ce dernier y consent ou dans les trois cas bien déterminés que nous avons vus en étudiant l'interrogatoire de l'inculpé. La confrontation est alors constatée dans le procès-verbal d'audition au moyen d'une mention spéciale.

Mais les témoins ne doivent jamais être confrontés entre eux; cette confrontation ne doit se faire qu'à l'audience.

2°) La lecture à l'inculpé des procès-verbaux relatant les dépositions des témoins est, en principe, réservée au rapporteur.

En campagne cependant, l'Officier de police judiciaire doit remplir cette formalité et le constater : il importe en effet d'abréger le travail du Commissaire rapporteur et de permettre, le cas échéant, au Général commandant la grande unité, à laquelle est affecté le Conseil de guerre, de délivrer l'ordre de mise en jugement sans instruction préalable par le commissaire rapporteur (Code J. M., art. 156).

Convocation des témoins. — Aux termes de l'article 102 du Code de Justice Militaire, les témoins à entendre par le *Rapporteur* sont convoqués au moyen d'une citation appelée cédule qui leur est remise par un agent de la force publique. Faute de comparaître devant ce magistrat, ils peuvent être condamnés à une amende et être contraints par corps à venir donner leur témoignage.

Les mesures de rigueur ci-dessus ne sont pas applicables aux personnes qui doivent être entendues par l'Officier de police judiciaire. Leurs dépositions devant cet Officier sont en effet considérées non comme de véritables témoignages mais comme de *simples déclarations*, destinées à faciliter plus tard les recherches de la justice. « Elles n'ont donc pas à « recevoir de citation *légale* entraînant, en cas de refus de « comparaître ou de déposer, une pénalité quelconque. Elles « doivent être appelées par un *simple avis*, à moins qu'il ne « s'agisse de militaires à qui l'ordre peut être donné de com-

« paraître ou de témoigner, sous peine de punition discipli-
« naire. » (B. O. E. M , n° 56, page 151).

La plupart du temps, dans la pratique, cet avis, établi en en double (original et copie) est rédigé et notifié dans la forme de la cédule légale. Dans ce cas il sera sage de supprimer la mention prévenant le témoin civil que, faute par lui de se conformer à l'assignation (en l'espèce en effet il s'agit d'une simple invitation et non pas d'une assignation), il sera contraint par les voies de droit.

Autant que possible, il doit y avoir un délai de 24 heures entre le moment de la notification et la comparution du témoin.

Si un témoin refuse de se présenter ou si, s'étant présenté, il refuse de déposer, l'Officier de police judiciaire devra se contenter de mentionner son refus dans le procès-verbal.

Taxe des témoins, interprètes et traducteurs. — L'Officier de police judiciaire peut accorder aux témoins, interprètes et traducteurs qui *requièrent* la taxe une indemnité dont le taux a été fixé par le décret du 5 octobre 1920 portant réglement d'administration publique sur les frais de justice.

L'Officier de police judiciaire fait l'avance de ces frais et il est remboursé au moyen d'un *mémoire* rendu exécutoire par le Rapporteur près le Conseil de guerre.

A la procédure est joint un *bordereau* des frais comme pièce justificative de l'avance.

Lorsque le *mémoire* est retourné à l'Officier de police judiciaire, celui-ci en touche le montant chez le Receveur de l'enregistrement.

111. — Formes à observer dans la rédaction des procès-verbaux

1°) Aucun format n'est proscrit pour le papier à employer.

2°) Un modèle seulement a été donné pour le procès-verbal des déclarations reçues. Ce modèle s'applique à la fois aux déclarations faites par l'inculpé et aux déclarations faites par un temoin (formule n° 5 ter, B. O. E. M., n° 56, page 181). — aucun modèle n'a été donné pour le procès-verbal constatant le corps du délit et l'état des lieux.

3°) Pour tous les procès-verbaux, chaque page doit être signée au bas par l'Officier de police judiciaire, le greffier et, le cas échéant, par les personnes qui l'ont assisté (juge de paix, maire, adjoint ou commissaire de police). En outre les procès-verbaux constatant des déclarations doivent être signés, à la fin, par le déclarant et les personnes précitées. Ces personnes et le déclarant doivent signer à la fin de chaque déclaration, lorsque plusieurs déclarations sont reçues dans le même procès-verbal.

4°) Il ne doit y avoir *aucun interligne* et tous les *renvois*, *ratures* et *surcharges* doivent être approuvés par le greffier, l'Officier de police judiciaire militaire, les personnes qui l'ont assisté ou les déclarants si l'erreur se trouve dans leur déclaration.

A cet effet, chaque *renvoi* est suivi des mots « approuvé le présent renvoi » au-dessous desquels sont placées les signatures.

Les *ratures* sont approuvées à la fin du procès-verbal ou de la déposition, suivant le cas, par les mots : « approuvé (indiquer en toutes lettres le nombre) mots rayés nuls ». Dans la pratique on numérote les mots rayés.

S'il existe des *surcharges*, elles sont approuvées également à la fin du procès-verbal à la suite des mots rayés. (Indiquer les mots qui ont été surchargés). Ex.: approuvé dix mots rayés nuls et le mot surchargé « entrepreneur ».

IV. — Droits particuliers de l'Officier de Police judiciaire

Il nous paraît utile d'indiquer ci-dessous certains droits conférés par la qualité d'Officier de police judiciaire :

1° Droit d'arrestation. — *En cas de flagrant délit*, tout Officier de police judiciaire militaire peut faire saisir les militaires ou les individus justiciables du Conseil de Guerre. Il les fait conduire immédiatement devant l'autorité militaire et dresse procès-verbal de l'arrestation, en y consignant leurs noms, qualités et signalement (Code J. M. art. 87).

Hors le cas de flagrant délit, tout militaire en activité de service, justiciable du Conseil de guerre ne peut être arrêté qu'en vertu de l'ordre de ses supérieurs (Code J. M. art. 88).

Quand y a-t-il flagrant délit ? Dans quatre cas ;

a) Lorsque le délit se commet ;

b) Lorsqu'il vient de se commettre ;

c) Lorsque l'inculpé est poursuivi par la clameur publique;

d) Lorsque, dans un temps rapproché du délit, l'inculpé est trouvé porteur d'armes, papiers, effets ou objets faisant présumer qu'il est auteur ou complice du délit. (Code inst. crim. art. 41).

2° Droit de perquisition. — a) *Maison particulière.* — L'Officier de police judiciaire militaire ne peut s'introduire dans une maison particulière, si ce n'est avec l'assistance soit du juge de paix, soit de son suppléant, soit du maire, soit de son adjoint, soitd u commissaire de police (Code J.M. art. 91).

Remarque. — L'Officier de police judiciaire ne pourra pas pénétrer, la nuit, dans le domicile d'un citoyen pour y faire une perquisition.

Le temps de nuit est ainsi réglé : (Code Pr. Civ. art. 1037.)

Du 1er octobre au 31 mars, depuis 6 heures du soir jusqu'à 6heures du matin ;

Du 1er avril au 30 septembre, depuis 9 heures du soir jusqu'à 4 heures du matin.

Cependant, malgré la détermination de l'heure légale du commencementdu temps de nuit, une perquisition commencée pendant le jour ne doit pas cesser à l'instant même où cette heure légale vient à sonner.

Cette remarque ne s'applique plus si l'état de siège a été proclamé ; dans ce cas, l'autorité militaire a le droit de faire des perquisitions dans le domicile des citoyens de nuit comme de jour (loi du 9 août 1849, art. 9).

b) *Etablissement civil.* — En cas de flagrant délit, il n'y a aucune formalité à remplir. Hors le cas de flagrant délit, l'Officier de police judiciaire adresse à l'autorité compétente des réquisitions à l'effet, soit d'obtenir l'entrée dans cet établissement, soit d'assurer l'arrestation de l'inculpé. L'Officier de police judiciaire doit s'adresser directement à l'autorité dont dépend l'établissement dans lequel il a besoin de s'introduire (Préfet, Sous-préfet, Procureur de la République, Maire) et non au chef de l'établissement qui pourrait se retrancher sur la défense qu'il aurait de laisser pénétrer personne sans l'ordre de ses chefs.

3°) Droit de délivrer des réquisitions. — Une personne à entendre peut être éloignée de la garnison. Au lieu de la faire comparaître devant lui, l'Officier de police judiciaire pourra, conformément à l'article 85 du Code de Justice Militaire, requérir un autre Officier de police judiciaire militaire de recevoir sa déclaration, par exemple le Commandant de la brigade de gendarmerie dans la circonscription de laquelle se trouve le domicile de la personne.

L'Officier chargé de l'instruction préparatoire au corps enverra une réquisition qu'on appelle souvent à tort une *commission rogatoire,* dans laquelle il devra préciser les questions à poser ou les renseignemenis à obtenir.

Le nom de « Commission rogatoire » devrait en effet être réservé aux commissions délivrées par le Rapporteur près le Conseil de Guerre.

En principe l'Officier de police judiciaire requis bornera sa mission aux limites qui lui auront été ainsi fixées.

Remarques concernant le temps de guerre. — *Visites domiciliaires.* — Lorsque l'Officier de police judiciaire militaire doit pénétrer dans une maison particulière, s'il ne trouve sur le lieux aucune autorité civile chargée de l'assister, il peut passer outre : Mention en est faite dans le procès-verbal (Code J M., art. 153).

Interrogatoire de l'inculpé. — a) L'inculpé est justiciable des Conseils de Guerre permanents du territoire. — Procéder comme en temps de paix (loi 27 avril 1916, B.O. E.M. n° 56),

b) L'inculpé est justiciable des Conseils de Guerre aux armées. — *Les dispositions de la loi du* 8 *décembre* 1897 *sur l'instruction préalable ne s'appliquent pas à la procédure devant ces conseils de guerre.* Il n'y a donc plus à prévenir l'inculpé qu'il est libre de ne pas faire de déclarations. Pour la même raison, on peut procéder à toute confrontation utile.

Nous avons terminé l'étude du rôle de l'Officier de police judiciaire militaire.

Rempli régulièrement, il assurera le respect des garanties que la loi a voulu donner à l'inculpé et, dans de nombreux cas, permettra d'accélérer la procédure.

Mais le but principal de l'instruction préparatoire est de faciliter la découverte de la vérité. Il appartiendra au chef de corps de contribuer à atteindre ce but :

1°) En veillant à ce que tout crime ou délit susceptible d'être déféré au Conseil de guerre fasse l'objet d'un rapport circonstancié qui lui sera adressé *sans retard* par le Commandant d'unité.

2°) En ne perdant pas de vue l'intérêt que présente, pour la manifestation de la vérité, la prompte désignation de l'Officier chargé de l'instruction, et l'importance qui s'attache à ce que cet Officier soit désigné au mieux des circonstances.

« Il tiendra compte, non seulement du caractère et des « aptitudes spéciales de l'Officier, mais aussi de l'indépen- « dance à laquelle l'autorisera son rang dans la hiérarchie « militaire. C'est dans ce but que, à moins de circonstances « particulières tenant notamment à la constitution du corps, « il ne déléguera ses pouvoirs qu'à un Officier supérieur, et « qu'il évitera, autant que possible, de confier l'instruction « préparatoire au chef immédiat de l'unité à laquelle appar- « tiendront les militaires impliqués dans l'affaire, Il semble « préférable que ce dernier, qui pourra généralement fournir « dans son rapport d'utiles renseignements sur ses subor- « donnés et les faits auxquels ils ont été mêlés, ne procède « lui-même à aucun acte d'instruction, et puisse être entendu « à titre de témoin, quand l'Officier de police judiciaire le « jugera à propos. » (Circulaire du 11 juillet 1914. B. O. E. M. n° 56, page 154.)

ANNEXES

OBSERVATION

Il est rappelé que seul le modèle du procès-verbal des déclarations reçues a été donné (B. O. E M., n° 56, page 181).

Les autres pièces de la procédure n'ont été établies QU'A TITRE DE SIMPLE INDICATION.

N° 1

PROCÈS-VERBAL des déclarations reçues par l'officier de police judiciaire dans les cas prévus par les lois du 15 juin 1899 et du 27 avril 1916.

—

Art. 85 et 86 du Code de Justice Militaire,

—

RÉPUBLIQUE FRANÇAISE

—

(CORPS OU SERVICE)

Formule n° 5 *ter* (feuille double)

—

Format :

Hauteur : 0m320.
Largeur : 0m214.

—

L'an. . . . . le. . . . . à. . . . heure. . . . . Devant nous (nom, prénoms, grade, corps ou service) agissant en vertu des art. 85 et 86 du Code de Justice Militaire et par délégation de M. le (grade, nom et qualité du chef de corps ou de service), comme Officier de police judiciaire; assisté du (grade, nom, prénoms, corps ou service) faisant fonctions de greffier et à qui nous avons préalablement fait prêter serment de bien et fidèlement remplir la dite fonction, en la salle de (indication du lieu où comparaît l'inculpé ou le témoin) avons fait comparaître devant nous, à l'effet de recevoir ses déclarations, l'inculpé (ou le témoin) ci-après nommé, lequel, interpellé de déclarer ses nom, prénoms, âge, lieu de naissance, profession et domicile (quand il s'agit d'un témoin ajouter : et s'il est domestique, parent ou allié de l'inculpé et à quel degré) a répondu se nommer. . . . . , né à . . . . le. . . . ., profession de. . . . . ., demeurant avant son entrée au service à. . . . . et aujourd'hui soldat de 2e classe au 51e Régiment d'infanterie en garnison à BEAUVAIS (pour les témoins ajouter la réponse à la question ci-dessus).

QUAND IL S'AGIT DE L'INCULPÉ

Nous avons alors informé le susnommé qu'il était inculpé de (résumer les faits reprochés à l'inculpé avec la qualification légale qu'ils comportent) et nous l'avons invité à nous faire ses déclarations en l'avertissant qu'il était libre de ne pas en faire.

a) *Lorsque l'inculpé consent a faire des declarations* : L'inculpé ayant voulu faire des déclarations nous l'avons interrogé comme il suit :

. . . . . . (transcrire littéralement les déclarations faites par demandes et réponses.

b) *Lorsque l'inculpé a refusé de faire des déclarations :*

L'inculpé ayant répondu ne pas vouloir faire des déclarations, nous avons clos le présent interrogatoire.

c) *Lorsque l'inculpé a refusé de faire des déclarations ou d'être confronté, mais que, vu l'urgence, il est passé outre :*

L'inculpé a répondu ne pas vouloir faire des déclarations (ou ne pas consentir à être confronté) mais. . . . .

Vu l'urgence résultant de ce que le sieur. . . . . . . indiqué comme témoin utile (ou comme victime) serait en danger de mort;

Ou, vu l'urgence résultant de ce qu'il existe des indices sur le point de disparaître, à savoir : (mentionner les indices).

Ou attendu que le délit étant flagrant, nous nous sommes transportés sur les lieux ;. . . . .

Nous avons passé outre et procédé à l'interrogatoire de l'inculpé (ou à sa confrontation avec le témoin N. . .).

QUAND IL S'AGIT D'UN TÉMOIN

Nous avons invité le témoin susnommé, hors de la présence de l'inculpé et des autres témoins, à prêter le serment de dire toute la vérité, et le témoin ayant prêté (ou ayant refusé de prêter) ledit serment, nous l'avons invité à nous faire ses déclarations.

FORMULE DE CLÔTURE DE TOUT INTERROGATOIRE D'INCULPÉ OU DE TÉMOIN

Lecture faite au comparant de son interrogatoire, il a déclaré ses réponses être fidèlement transcrites, y persister et a signé avec nous et le greffier.

L'inculpé ou le témoin :	*Le Greffier,*	*L'Officier de police judiciaire :*

N° 2
Procès-Verbal
constatant le corps du
delit et l'état des lieux.
—

RÉPUBLIQUE FRANÇAISE

(CORPS OU SERVICE)

(à titre de
simple indication)
—

L'an . . . ., le . . . ., à . . . heure. . ., nous (nom, prénoms, grade, corps ou service) agissant en vertu des articles 85 et 86 du Code de Justice Militaire et par délégation de M. le (grade, nom et qualité du chef de corps ou de service) comme Officier de Police judiciaire, assisté du (grade, nom, prénoms, corps ou service) faisant les fonctions de greffier, et à qui nous avons préalablement fait prêter serment de bien et fidèlement remplir ladite fonction : sur la dénonciation qu'un vol avait été commis dans le cantonnement par un militaire du corps au préjudice de l'habitant chez lequel il était cantonné, nous nous sommes transporté sur le lieu du vol accompagné de M. A. . ., maire de la commune de X. . .

Au premier étage d'une maison isolée, sise rue de la gare, n° 5, et habité par M. B. . . . ., dans une chambre ayant vue par une fenêtre sur le jardin, nous avons constaté : (mettre ici ce qui a trait au corps de délit) . . . .
. . . .

Ensuite nous avons constaté que (faire ici une description claire et précise de l'état des lieux) . . . .
. . . .

De tout ce qui précède nous avons dressé le présent procès-verbal que nous avons signé avec le greffier, le maire, le propriétaire de la maison et le soldat Y . . . . ., inculpé, auquel nous en avons donné lecture, en approuvant (tant de) mots rayés nuls.

Inculpé : *Propriétaire :* *Maire,* *Greffier,* *Officier de police judiciaire :*

Nota. — Si des pièces sont saisies, la saisie peut être constatée dans un procès-verbal distinct.

N° 3
Réquisition
pour pénétrer dans une
maison particulière.

RÉPUBLIQUE FRANÇAISE

(CORPS OU SERVICE)

(à titre de simple indication).

Nous. . . . . Officier de police judiciaire.

Vu la procédure commencée contre le nommé. . . , ... inculpé de . . . .

Vu les articles 86 et 91 du Code de Justice Militaire.

Attendu qu'il résulte de l'instruction que. . . . . (telle chose). . . . . objet du délit serait déposée au domicile du sieur . . . . rue. . . . . . à . . . .

Requérons qu'il plaise à Monsieur le Commissaire de police nous accompagner au domicile sus indiqué, à l'effet d'y procéder à toutes constatations et recherches, aux fins ci-dessus indiquées.

Fait à. . . . . le. . . . .

L'Officier de Police Judiciaire,

N° 4
Procès-Verbal
constatant la saisie des pièces à conviction.

—

RÉPUBLIQUE FRANÇAISE

(CORPS OU SERVICE)

(à titre de simple indication).

—

L'an mil neuf cent . . . . . . le. . . . à. . . . heure. . .

Nous. . . . . . . Officier de police judiciaire, assisté du sieur . . . . faisant fonctions de greffier et à qui nous avons fait prêter serment de bien et fidèlement remplir les dites fonctions.

Attendu qu'il importe à la manifestation de la vérité de rechercher les papiers, pièces, effets ou objets pouvant servir à conviction ou à décharge dans l'affaire du nommé . . . . ., inculpé de. . . . .

Vu les articles 86 et 97 du Code J. M., 37 et 39 I. C.

Nous sommes transporté accompagné de M . . . . . . (maire, adjoint, juge de paix, commissaire de police), lequel nous avons requis le. . . . . à cet effet, et de l'inculpé. . . . . . ., en son domicile à. . . ., rue. . . . ., n°. . . et là nous nous sommes livré à une perquisition dans les diverses pièces de l'appartement.

Au cours de notre perquisition, nous avons trouvé à tel endroit tels objets (décrire minutieusement les objets saisis). L'inculpé, interpellé par nous sur la possession de ces objets, a répondu. . .
. . . .

Les dits objets, après avoir été paraphés par nous et l'inculpé, ont été clos et scellés de notre sceau et seront joints à la procédure suivie contre. . . . . pour servir de pièces de conviction.

De tout ce qui précède, nous avons dressé le présent qui a été signé par nous, le maire. . . . ., l'inculpé et le greffier.

L'inculpé : *Le Greffier :* *Le Maire :* *L'Officier de Police judiciaire :*

N° 5
ORDONNANCE
pour nommer un expert.
—

RÉPUBLIQUE FRANÇAISE
——
(CORPS OU SERVICE)

(à titre de
simple indication)
—

Nous. . . . ., Officier de Police judiciaire.

Vu la procédure commencée contre le nommé. . . . .
inculpé de. . . . . . .

Commettons M . . . ., expert en écritures pour serment préalablement prêté entre nos mains, nous dire, dans un rapport écrit, si la pièce arguée de faux doit être attribuée à l'inculpé.

Joignons à la pièce incriminée . . . . . pièces de comparaison de corps d'écriture, consistant en . . . .

1°). . . . .

2°). . . . .

toutes écrites par l'inculpé.

Fait à. . . . ., le. . . . .

L'Officier de Police judiciaire,

N° 6
PRESTATION DE SERMENT
d'un expert.

RÉPUBLIQUE FRANÇAISE

(à titre de simple indication)

(CORPS OU SERVICE)

L'an mil neuf cent. . . . . le. . . . .

Par devant nous. . . . . Officier de Police judiciaire, assisté du sieur . . . . greffier, en la salle des rapports de la caserne de. . . . . . . du régiment de. . . . .

A comparu M. . . . ., professeur d'écriture, lequel, après avoir pris connaissance de notre ordonnance en date du . . . . . qui le commet à l'effet de procéder à l'expertise d'une pièce arguée de faux, dans l'affaire du nommé . . . ., déclare accepter la mission qui lui est confiée, et a, en conséquence, prêté entre nos mains serment d'en remplir l'objet en son honneur et conscience. En foi de quoi il a signé le présent avec nous et le greffier après lecture faite.

L'Expert: *Le Greffier:* *L'Officier de Police judiciaire:*

N° 7
CÉDULE
d'assignation.
—

RÉPUBLIQUE FRANÇAISE

(CORPS OU SERVICE)

(à titre de simple indication).
—

Nous (nom, prénoms, grade, corps ou service), agissant comme Officier de police judiciaire militaire.

Invitons le sieur A. . . . . ., aubergiste à X. . . . . de comparaître devant nous à (indication du lieu), le (jour, date, heure), pour y déposer en personne sur les faits reprochés au nommé . . . .

Fait à. . . . ., le. . . . .

L'Officier de Police judiciaire,

SIGNIFICATION

L'an mil neuf cent vingt. . . . , le trente mai, à la requête de Monsieur (nom, prénoms, grade, corps ou service), nous B. . . . sergent soussigné, avons signifié la cédule ci-dessus au sieur A. . . ., en son domicile à X . . . ., parlant à sa personne, ainsi déclaré; à ce qu'il n'en ignore, lui avons laissé la présente.

Dont acte à X. . . . ., les jour, mois et an que dessus.

B. . . . .

N° 8
Réquisition
—

RÉPUBLIQUE FRANÇAISE

(CORPS OU SERVICE)

(à titre de simple indication).
—

Nous (nom, prénoms, grade, corps ou service) agissant comme Officier de police judiciaire militaire.

Informant contre le. . . . .
inculpé de. . . . .

Conformément à l'article 85 du Code de Justice Militaire.

Prions et requérons au besoin M . . . ., auquel nous adressons la présente réquisition, de vouloir bien citer à comparaître devant lui, et d'entendre comme témoin sur les faits et circonstances qui peuvent être à sa connaissance, relativement au délit ci-dessus mentionné, le Sieur . . . .
et tous autres dont les dépositions seraient utiles à la manifestation de la vérité.

Il convient de lui adresser les questions suivantes, indépendamment de celles qu'il serait jugé utile de lui poser.

1re question :

Prions, en outre, de nous renvoyer la présente réquisition avec le procès-verbal d'information dressé en conséquence, ainsi que toutes les pièces qu'il y aurait lieu de rédiger pour son exécution, conformément à la loi.

A. . . . ., le . . . .

L'Officier de Police judiciaire :

N° 9

MÉMOIRE

DE FRAIS URGENTS DE POLICE JUDICIAIRE FAITS PAR LE CAPITAINE SOUSSIGNÉ, OFFICIER DE P. J., (ou pour la taxe de témoins) DANS L'AFFAIRE DU NOMMÉ. . . . . ., INCULPÉ DE. . . . .

Port de pièces à conviction . . . .
Frais de voiture. . . . .
Honoraires du médecin. . . . .
Taxe de témoin, expert, interprète ou traducteur.

TOTAL . . . .

Certifié le présent mémoire se montant à la somme de . . . . .

L'Officier de Police judiciaire,

Nous estimons qu'il y a lieu d'allouer la somme de. . . . . . .

Au Parquet, à. . . . ., le . . . .

Le Commissaire du Gouvernement,

EXÉCUTOIRE

Nous, N . . . . (nom, grade), rapporteur près le Conseil de Guerre de la . .e Région de corps d'armée.

Vu les articles. . . du décret du 5 octobre 1920.

Vu l'urgence, avons arrêté et rendu exécutoire le présent mémoire pour la somme de . . ., montant de la taxe que nous avons faite.

Ordonnons que la dite somme sera payée par M. le Receveur de l'enregistrement à. . . . .

Fait en notre cabinet à. . . . ., le. . . . .

Le Rapporteur,

Pour acquit de la somme ci-dessus.

L'Officier de P. J. (sceau).

N° 10

BORDEREAU

DES FRAIS URGENTS DE P. J. FAITS DANS L'AFFAIRE

DU NOMMÉ. . . . .

Port de pièces à conviction. . . . .

. . . .

Certifié le présent bordereau montant à la somme de . . . . .

Le. . . . .

L'Officier de P. J.,

Paris. — Imp. Léautey, rue Saint-Guillaume, 24. — 5 0

www.ingramcontent.com/pod-product-compliance
Ingram Content Group UK Ltd.
Pitfield, Milton Keynes, MK11 3LW, UK
UKHW021522260726
13993UKWH00004B/1828